La
Cabane
à SUCRE

L'eau d'érable

Il faut plus de 20 L d'eau d'érable pour produire 1 boîte de conserve de sirop d'érable.

20 L = 1 grande bouteille de plastique pour refroidisseur d'eau.

L'érable à sucre

L'érable à sucre atteint, en moyenne, une hauteur de 45 m.

Cette hauteur correspond à la hauteur de 15 ours bruns montés les uns sur les autres en pyramide.

Un érable à sucre donne environ 50 L d'eau d'érable (qui est en fait la sève de l'arbre) par année.

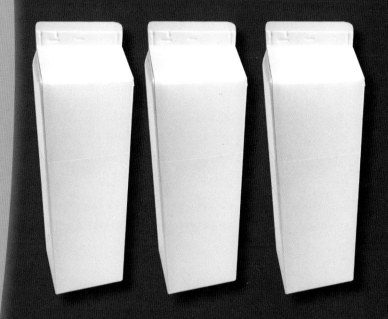

Cela équivaut à 25 gros cartons de lait.

La sève

La montée de la sève sucrée dans les arbres exige des conditions bien particulières : des nuits de gel suivies de journées chaudes et ensoleillées.

C'est un peu comme une rivière au printemps : la pression monte et la vie reprend !

Pour recueillir l'eau d'érable qui coule des arbres, on perce un trou dans l'écorce avec un outil appelé vilebrequin.

Ce serait super si on pouvait utiliser les pic-bois pour entailler les arbres à la saison des sucres !

Le chalumeau

Pour faciliter l'écoulement de l'eau d'érable dans le seau accroché à l'arbre, on fixe un chalumeau dans le trou percé au vilebrequin.

As-tu déjà pensé à quel point ce serait moins désagréable d'avoir le rhume si tu pouvais fixer un chalumeau et un seau à ton nez ? Fini les mouchoirs et le nez rouge qui brûle !

Les entailles faites au vilebrequin dans l'arbre ont une profondeur de 5 cm.

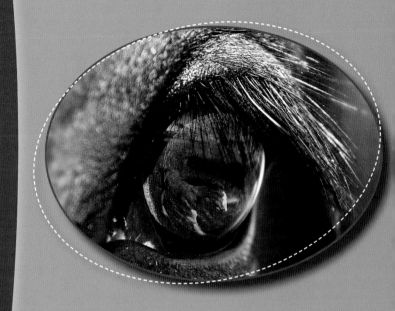

La profondeur de ce trou est équivalente à la circonférence de l'œil d'un cheval.

Le sirop d'érable

Pour que l'eau d'érable se transforme en sirop, il faut qu'elle atteigne une température de 104 °C.

Les sources thermales les plus chaudes d'Europe, situées en Bulgarie, ont la même température.

La tire d'érable

Quand le sirop d'érable atteint la température de 112 °C, il se transforme en tire.

La tire d'érable durcit lorsqu'on la dépose sur la neige, et on peut ensuite la saisir avec un bâton et la manger !

Si tu veux te faire un pain de sucre d'érable, tu dois faire chauffer la tire jusqu'à 120 °C en brassant constamment.

Cette température est de 50 fois inférieure à la température à la surface du soleil.

Au temps des Amérindiens, on utilisait une spatule de bois percée d'un trou pour vérifier si le sirop était prêt. On trempait la spatule dans le liquide bouillant et on soufflait dessus. Si une bulle se formait, c'est que le sirop était prêt.

C'est le même principe que lorsque tu fais des bulles de savon l'été ; s'il n'y a pas assez de savon dans l'eau, aucune bulle ne se forme quand tu souffles.

L'eau d'érable coule tout doucement des arbres, goutte à goutte. Ce n'est pas comme un robinet. Pour mieux comprendre, tu peux prendre un compte-gouttes et laisser tomber les gouttes une à une.

Le grand récipient dans lequel on fait bouillir l'eau d'érable pour la transformer en sirop s'appelle une bouilloire.

En fait, ce récipient a la même fonction que la bouilloire dans laquelle tu fais bouillir de l'eau, mais pour une plus longue période et à une température beaucoup plus élevée.

À l'approche du printemps, les Amérindiens utilisaient leur tomahawk pour faire une entaille en « V » dans les érables. Ils plaçaient ensuite un copeau de bois dans l'entaille. C'est de là que viennent l'aspect et la forme des chalumeaux actuels.

À table!

Le menu typique d'une cabane à sucre (composé de crêpes, de fèves au lard, de soupe aux pois, d'œufs, de jambon, d'oreilles de crisse et de sirop d'érable) est inspiré de l'époque des chantiers de bûcherons quand les hommes y habitaient durant les longs mois d'hiver pour y abattre des arbres.

© **Les éditions Lesmalins inc.**

info@lesmalins.ca

Éditeur: Marc-André Audet
Textes: Katherine Mossalim
Recherche: Marie-Ève Poirier
Conception graphique et montage: Energik Communications

Dépôt légal – Bibliothèque et Archives nationales du Québec, 2009
Dépôt légal – Bibliothèque et Archives Canada, 2009

ISBN: 978-2-89657-065-2

Imprimé au Canada

Les éditions Les Malins
5372, 3e Avenue
Montréal, Québec
H1Y 2W5